AF314605

CONCILIATION INTERNATIONALE

a langue internationale auxiliaire de l'avenir

COMMUNICATION FAITE AU GROUPE PARLEMENTAIRE FRANÇAIS DE L'ARBITRAGE

PAR M. Jacques NOVICOW

SUIVIE DU COMPTE RENDU DES MANIFESTATIONS ORGANISÉES PAR LE GROUPE

EN L'HONNEUR DE MM. CH. LANGE & DANDURAND,

DE M. LE Pt ROOSEVELT, DE M. LE MARÉCHAL HERMÈS DE FONSECA,

DE LA DÉLÉGATION OTTOMANE, ETC.

HOMMAGE AU ROI EDOUARD VII, A BJŒRNSTJERNE BJŒRNSON, A L'AVIATION

N° 7 — JUILLET

DELAGRAVE, ÉDITEUR, PARIS

1910

INTRODUCTION

* *

La séance tenue par notre Groupe Parlementaire de l'Arbitrage à la Chambre des Députés, le 10 Juin 1910, a été particulièrement intéressante.

Nous recevions trois amis étrangers que le hasard réunissait en même temps à Paris.

M. Ch. Lange, ancien représentant de la Norvège à la deuxième Conférence de La Haye, Secrétaire Général de l'Union Interparlementaire, M. Dandurand, ancien Président du Sénat Canadien, et enfin M. Jacques Novicow, le sociologue russe bien connu.

Après quelques paroles de cordiale bienvenue adressées à chacun de nos trois invités, M. Ch. Lange répondit le premier en rappelant les souvenirs de la majorité libérale de la Conférence de La Haye et l'accord étroit des Délégués français et norvégiens.

Puis M. Dandurand parla de la France et du Canada, et du culte fidèlement gardé par ses compatriotes à la langue française.

Ces deux discours, prononcés dans notre langue, furent applaudis avec enthousiasme par les membres nombreux du Groupe qui se pressaient pour les écouter ; mais, si l'auditoire français en fut charmé, ce fut M. Novicow qui voulut bien se charger de tirer la conclusion de cette manifestation improvisée.

M. Novicow ne s'exprima pas moins bien que les deux orateurs précédents en français ; son allocution, pleine de finesse et d'actualité, fut celle d'un Parisien en même temps que celle d'un philosophe et d'un savant ; nous sommes heureux d'avoir pu nous en procurer le texte inédit et de le publier en souvenir de cette belle manifestation de cordialité internationale.

Il va de soi que nous faisons nos réserves, comme Français, sur l'optimisme trop flatteur peut-être de notre ami russe à l'égard de notre pays, et sur la sévérité certainement excessive de son jugement sur l'allemand et sur l'anglais. Il ne faut pas rendre le peuple allemand responsable des erreurs de la politique allemande ; notre rôle est d'éclairer nos voisins sans les rebuter.

Quant à l'anglais, j'ai constaté moi-même bien souvent que, si répandu soit-il, il ne fait aucun tort au français, au contraire. En Angleterre et en Amérique plus un Anglais ou un Américain est cultivé, plus il s'attache à connaître la France et la littérature française. La timidité plus que l'amour-propre empêche beaucoup d'entre eux de parler le français, mais c'est une timidité qui ne demande qu'à être vaincue.

Ce qui est le plus frappant dans le remarquable discours de M. Novicow c'est son observation sur la force persuasive des Français. Cela est incontestable et s'explique historiquement aussi bien que géographiquement, la France étant un foyer naturel d'attraction et d'activité.

Si le gouvernement de la République comprenait son intérêt, il ferait voyager des représentants autorisés de la persuasion française : artistes, savants, orateurs ; il encouragerait la

création à Paris de tous les centres de recher-
che et d'étude pouvant amener l'effort intel-
lectuel du monde à converger de tous les points
vers la France ; il ouvrirait des bibliothèques,
des cercles littéraires, des expositions ; il orga-
niserait, au profit de la France, la concentration
que comporte le progrès de la civilisation
moderne, progrès inconciliable avec le disper-
sement et le chaos actuel ; enfin il veillerait,
par l'enseignement de ses écoles, à faire l'éducation des voyageurs français dans le monde.
Grave et urgente question !

Ce qui nuit le plus à la bonne réputation
d'un pays, quel qu'il soit, France, Angleterre
ou Allemagne, c'est le sans-gêne, le débraillé
de ses voyageurs. Trop souvent à l'étranger,
sous prétexte qu'ils sont inconnus, ils se croient
tout permis.

Combien de fois ai-je entendu mes amis
Anglais déplorer la tenue invraisemblable de
certains de leurs compatriotes à Paris ; en pays
étranger ils ont l'air d'être en pays conquis ;
ils arborent des costumes spéciaux, des cas-
quettes et des souliers d'envahisseurs, inconnus
à Londres.

Le Français, en revanche, stupéfie les Anglais par le débordement de son expansion la plus bruyante ; réservé dans son pays il s'abandonne à ses impressions à l'étranger, sans se demander s'il scandalise ou non son entourage.

En résumé, tout voyageur ignorant, sous prétexte qu'il ne comprend rien et n'est pas compris, considère les populations qu'il traverse comme une végétation et ne se gêne pas plus vis à vis d'elles qu'à l'égard de la haie qui borbe son chemin.

Ce sont les faiblesses naturelles de tous les novices ; elles passeront, mais elles expliquent bien des déceptions, bien des malentendus, bien des ressentiments individuels, décorés ensuite du beau nom de haines nationales !!...

L'éducation générale des peuples rapprochés devient une des obligations complémentaires de la politique de conciliation moderne.

De même que les devoirs sociaux s'établissent pour rendre la vie commune supportable aux citoyens d'un même pays, de même des devoirs internationaux vont s'imposer, à mesure que les distances disparaissent.

Il est urgent de s'en rendre compte, en France plus que partout ailleurs, si le français doit être, comme l'assure M. Novicow et comme nous le croyons, un élément de persuasion et de civilisation.

D'ESTOURNELLES DE CONSTANT.

P.-S. — Dans ce même bulletin nous publions les compte-rendus des réceptions ou des manifestations organisées par le Groupe Parlementaire Français de l'Arbitrage, en l'honneur de M. le Président Roosevelt lors de son voyage à Paris au printemps dernier, de S. M. le Roi Edouard VII, du Président de la République du Brésil, de la Délégation Ottomane, en même temps que nos compliments de condoléance à la famille de Bjœrnstjerne-Bjœrson. Nous n'oublions pas enfin d'enregistrer, une fois de plus, avec confiance et gratitude, les progrès de l'Aviation inespérée.

Le français

langue auxiliaire de l'Europe

Es

co
so
di
m
Pa
va
ne
de
qu
m
vi

de

IN

Le français

langue auxiliaire de l'Europe

Grâce aux perfectionnements des moyens de communication, les relations entre les peuples se sont multipliées dans une mesure immense. Des dizaines de millions d'hommes vivent constamment de nos jours hors des limites de leur patrie. Par suite des innombrables rencontres entre individus appartenant aux pays les plus divers, la nécessité d'une langue auxiliaire internationale devient de plus en plus impérieuse. Aussi la question de l'idiome international préoccupe maintenant l'opinion publique d'une façon très vive.

Quelle sera la langue auxiliaire de notre groupe de civilisation ?

La réponse s'impose pour ainsi dire d'elle-même : cela ne pourra être que l'allemand, l'anglais ou le français. Il est évident que cela ne sera ni le russe, ni l'italien, ni l'espagnol et, à plus forte raison, ni le polonais, ni le portugais.

Mais entre les trois seuls rivaux sérieux : l'allemand, l'anglais et le français, lequel l'emportera ?

On peut facilement démontrer que cela ne sera pas l'allemand ; cette langue est très imparfaite, elle est encore synthétique ; elle a une grammaire complexe encombrée de déclinaisons ; de plus, elle a un autre défaut : elle détache la préposition et la place parfois très loin de son verbe, après deux ou trois propositions incidentes ; cette pratique incommode, à laquelle les étrangers ont peine à s'habituer, rend souvent la phrase fort obscure. L'allemand est donc une langue beaucoup plus imparfaite que l'anglais et le français ; mais cette imperfection ne serait pas un obstacle, car une langue se répand surtout par la haute culture de la nation qui la parle. Or à ce point de vue l'Allemagne est dans une situation moins brillante que celle de l'Angleterre et de la France. L'Allemagne n'a jamais eu une culture très originale ; pour les arts et les lettres, elle a presque constamment imité ses voisines. Actuellement l'infériorité de la production littéraire et artistique de l'Allemagne est manifeste, mais encore plus son infériorité philosophique. L'Allemagne a été précipitée par Bismarck dans un courant médiéval, elle s'embourbe dans les idées anciennes ; elle n'est plus le porte-drapeau des idées nouvelles ; sa politique n'ouvre plus les voies du progrès ; elle les ferme. Par suite de ce qu'elle se traîne péniblement à l'arrière-garde des mouvements bienfaisants de notre époque, l'Allemagne a perdu son prestige moral ; ne comprenant pas que le facteur le plus puissant de l'expansion nationale est le don de séduction, les Allemands mettent une persévérance vraiment digne d'un meilleur sort à inspirer peu de sympathies à leurs voisins ; à cause de tout cela le rayonnement extérieur de la culture allemande est maintenant très faible. Assurément l'Allemagne peut ouvrir les yeux, voir ses erreurs, se ressaisir et changer de direction ; mais elle ne semble pas trop prendre cette voie à l'heure présente et, quand elle se réveillera de son hypnotisation bismarckienne, il sera peut-être trop tard ; ses rivales auront pris une avance qu'il lui sera peut-être impossible de rattraper. L'allemand ayant donc peu de chance de devenir l'idiome auxiliaire de l'Europe, la lutte finale reste circonscrite entre l'anglais et le français.

Les Anglo-Saxons sont 140 millions ; ils ont eu jusqu'ici une natalité considérable et, de plus, aux Etats-Unis, ils assimilent tous les ans près d'un million d'immigrants venus de tous les pays du monde. Avec cela, comme la civilisation de l'Angleterre est très brillante et comme l'anglais est une langue très parfaite et très facile, beaucoup de personnes pensent que la victoire définitive restera à l'anglais.

Cependant, quand on regarde les choses de plus près, on s'aperçoit qu'il n'en est pas ainsi et que, par suite des conjonctures historiques, le français a plus de chances. Il y a actuellement 175 millions de latins en Europe et en Amérique ; ils se servent du français et non de l'anglais comme langue auxiliaire ; il en est de même des Slaves qui sont 140 millions. Les partisans du français sont donc d'ores et déjà 315 millions contre 140 millions d'Anglo-Saxons. Mais il y a mieux, les Allemands eux-mêmes ont plus de tendances à adopter le français que l'anglais comme langue auxiliaire ; alors, avec les Allemands, les partisans du français deviennent 400 millions ; cela donne au français une majorité énorme qui lui assurera la victoire définitive.

La culture anglaise est très brillante assurément, mais sa puissance de rayonnement est moins grande que celle de la culture française. La France a plus d'avantages naturels ; sa situation géographique est plus centrale ; son territoire plus beau ; il contient quelques unes des régions les plus merveilleuses de notre globe : la Côte d'Azur, les Alpes, les Pyrénées ; de plus, la France possède Paris qui est la plus belle ville du monde et le centre des plaisirs les plus raffinés. L'Angleterre n'a aucun de ces privilèges. Ajoutez à cela que la production littéraire, artistique et scientifique de la France est plus complète que celle de l'Angleterre. Assurément dans les sciences, le roman et la poésie, les Anglais créent des œuvres de la plus haute valeur ; mais, par contre, ils sont inférieurs dans la production artistique et dramatique ; pour montrer combien le rayonnement de la culture anglaise est moindre que celui de la culture française, je veux prendre un seul exemple : la dernière pièce de M. Rostand, *Chantecler*, (pièce très médiocre d'ailleurs), a eu un retentissement universel que n'a jamais eu aucune pièce anglaise. Un autre fait montre que le centre de rayonnement de la culture moderne est Paris et non Londres : c'est la toilette féminine, c'est la mode de Paris et non celle de Londres qui dicte la loi.

Les Anglo-Saxons qui viennent actuellement en France pour leurs plaisirs ou leurs affaires sont déjà beaucoup plus nombreux que les Français qui vont en Angleterre ou aux Etats-Unis ; par suite le nombre des Anglais, amenés à apprendre le français, dépasse le nombre des Français amenés à apprendre l'anglais. Déjà la balance linguistique penche donc en faveur du français, mais ce n'est qu'un commencement ; plus les Latins et les Slaves seront nombreux, plus ils pratiqueront le français, plus les anglais seront portés à apprendre cette langue pour s'en servir dans leurs relations internationales. Or les latins qui sont 175 millions à l'heure actuelle seront sans doute plus de 3oo millions vers la fin du XXe siècle, lorsque l'Amérique du Sud se sera peuplée.

Ce qui prouve d'ailleurs d'une façon très démonstrative que c'est le français qui a le plus de chance de devenir la langue auxiliaire de l'Europe, c'est que le français joue déjà ce rôle depuis près de deux siècles et qu'il a joué un moment même plus que ce rôle. Vers 1770, le français a été non seulement la langue auxiliaire de l'Europe, mais, dans une certaine mesure, presque la langue nationale de l'Europe ; vers 1770, l'aristocratie politique et intellectuelle de notre continent ne parlait presque que le français et ne lisait en grande partie que des livres français. Ce fait est si connu qu'il est à peine nécessaire d'en parler ; on a dit qu'une réaction s'est opérée depuis et que le français ne possède plus la situation prédominante qu'il occupait sous Louis XV ; c'est incontestable, mais il faut comprendre la véritable nature de ce fait. Le français a cessé de jouer le rôle de langue *partiellement nationale ;* et cela est arrivé non pas parce que le français a faibli, mais parce que les autres idiomes nationaux se sont fortifiés. Vers 1770 le russe, par exemple, était une langue inculte ne possédant presque pas de littérature ; maintenant le russe est devenu capable d'exprimer les nuances les plus fines de la pensée humaine ; la littérature russe est également assez riche, et en belles lettres et en ouvrages scientifiques. Les Russes n'ont donc plus besoin, dans une aussi grande mesure qu'en 1770, de connaître une langue étrangère pour acquérir une haute culture intellectuelle ; à ce point de vue, on peut dire que le français a reculé chez eux. Le professeur Diels, recteur de l'université de Berlin, dit que le canon d'Iéna détrona le français en Prusse ; le dernier mémoire de l'Académie de Berlin, rédigé en français, parut en 1807. On voit que le français est précisément détroné ici de son rôle de langue partiellement nationale [1]. En effet, il était parfaitement anormal que les mémoires d'une académie prussienne, fussent rédigés en français et non en allemand. Mais le recul du français, comme langue partiellement nationale, ne signifie nullement son recul comme idiome auxiliaire international ; ce dernier recul n'aurait lieu que si une autre langue commençait à évincer le français de ce rôle ; or nous n'observons rien de pareil. Dans les salons de St-Pétersbourg et de Moscou, on parle actuellement le russe plus qu'on ne le parlait en 1770 ; mais lorsque on parle une langue étrangère, c'est toujours plus le français que l'anglais ou l'allemand. Si le français avait été

---

(1) Voici l'un des nombreux revers de la médaille de nos victoires. On ne parle que de la gloire, mais on ne dit rien des sacrifices qu'elles ont coutés et les lendemains qui les ont suivies, sans compter Waterloo et Sedan et le fardeau de la paix armée.

Note de l'Editeur.

universellement parlé dans la haute société européenne en 1770 et qu'il eut été universellement
remplacé, en 1910, par l'anglais ou l'allemand,
on aurait été en droit de dire que la défaite du
français est un fait accompli ; mais il n'en est pas
ainsi ; le français est enseigné maintenant dans
presque toutes les écoles moyennes de l'Europe et
la proportion des personnes qui le connaissent,
par rapport à l'ensemble des populations, est
certainement plus forte qu'en 1770 Ainsi donc,
dans son rôle de langue auxiliaire, le français
avance et ne recule pas.

Assurément ce n'est pas le cas partout... Sur
les échelles de l'Extrême-Orient l'anglais avance
plus vite que le français ; c'est incontestable, mais
cela ne signifie pas grand chose. Tout le monde
comprend que la question de la langue auxiliaire
sera tranchée *en Europe* ; si notre continent et
l'Amérique adoptent le français, l'Asie sera
obligée de suivre le mouvement. L'anglais pourra
garder la supériorité dans quelques régions et
pour quelques métiers spéciaux, comme le com-
merce par exemple, mais ces triomphes partiels
ne pourront pas enlever au français sa situation
prédominante.

On prétend encore qu'un autre obstacle insur-
montable empêchera le français de devenir langue
auxiliaire universelle : les amours-propres nationaux. C'est une très profonde erreur ; il est très
facile de démontrer que les amours-propres

nationaux travailleront en faveur du français et non contre lui.

Il faut bien comprendre que les « nations » sont, dans une certaine mesure, des abstractions ; les individus seuls sont des réalités positives et concrètes ; les « nations » n'existent pas en dehors des individus. Si chaque Anglais éprouve une satisfaction d'amour-propre à parler le français à la perfection, la « nation » anglaise éprouve cette même satisfaction, car la « nation » anglaise n'est autre chose que la totalisation des individus anglais en chair et en os. Or chacun peut observer que la connaissance parfaite du français, loin de causer la moindre souffrance d'amour-propre à n'importe quel individu, procure, au contraire, des satisfactions d'amour-propre extrêmement vives ; de nos jours c'est presque une position sociale que de bien parler le français ; cela vous donne accès dans la meilleure société ; cela vous classe dans une certaine mesure. Ni la connaissance parfaite de l'allemand, ni celle de l'anglais ne donnent des avantages analogues. Le français est la langue de la bonne compagnie, la langue élégante et aristocratique par excellence. Chaque individu désirant monter aux échelons supérieurs de la hiérarchie sociale est heureux et fier de manier le français avec art ; le prince de Bismarck le possédait admirablement ; l'empereur Guillaume II et le prince de Bulow sont dans le même cas ; ils n'en éprouvent aucune mortification

d'amour-propre, au contraire, et cc qui est vrai
de si grands personnages, l'est à plus forte raison
de tous les Allemands ; il serait difficile d'en
trouver qui viendraient dire : « Je puis parler le
français comme M. Clémenceau, mais, par amour-
propre national, je m'abstiens de le faire ».

Ce qui est vrai des Allemands l'est également
des Anglais. Je visitais, il y a quelques années,
l'Université de Cambridge ; on me conseilla, si je
voulais faire preuve de courtoisie, d'adresser
d'abord la parole en français aux professeurs
anglais auxquels je serais présenté ; les Anglais
qui possèdent le français à fond, en tirent de
grandes satisfactions d'amour-propre, même parmi
leurs propres compatriotes.

On voit donc que les amours-propres nationaux
travaillent pour le français et non contre lui ; et
ils travailleront pour lui avec une force d'autant
plus grande qu'il deviendra plus universel.

Assurément si le français était imposé par
quelque autorité politique, le sentiment national
se réveillerait, indomptable, contre sa domination ;
mais il n'y aura rien de pareil, les langues
auxiliaires et supra-nationales se forment partout
et toujours spontanément et naturellement ;
l'idiome qui réunit le plus d'avantages s'étend de
lui-même dans un canton, dans une province,
dans un pays et enfin entre différents pays. Le
même mouvement s'accomplit sur une échelle de
plus en plus vaste en vertu de la loi de la répé-

tition amplifiante ; un canton parle l'idiome de son village central ; une province l'idiome de son chef-lieu. L'Italie a parlé l'idiome de Florence ; en vertu des mêmes lois, l'Europe se sert du français comme langue auxiliaire. Le français possédant plus d'avantages géographiques (position centrale de la France), économiques (la France est un grand centre financier, agricole et industriel), intellectuels (production littéraire et scientifique énorme et constante), esthétiques (haut développement des beaux-arts), éthiques (don très considérable d'inspirer la sympathie) et enfin linguistiques (facilité et clarté), le français dis-je, l'emportera sur l'anglais et l'allemand, en vertu de la force des choses. Il ne faudra pour cela aucune loi, aucun décret, aucune pression. Tous les jours le français devient de plus en plus langue auxiliaire de notre continent, en vertu d'un vaste ensemble de mouvements sociaux ; s'il était possible d'avoir des statistiques, cela pourrait se démontrer par des chiffres. On saurait, par exemple que, vers 1850, sur 300 millions d'Européens, 3 millions savaient le français et qu'en 1910, sur 550 millions d'Européens[1], 11 millions avaient la connaissance de cette langue. Dans la première période la proportion aurait été d'un pour cent ; dans la seconde de deux pour cent.

Cette statistique n'a jamais été faite et elle

---

[1] Je comprends dans ce chiffre les Américains qui appartiennent au groupe européen de civilisation.

serait assez difficile à faire ; aussi les progrès du français ne peuvent pas être observés d'une façon directe et ne peuvent pas être démontrés par des chiffres.

Mais une chose est certaine : dans tout groupement de populations une langue générale se forme en vertu des lois naturelles. Elle est la conséquence des communications qui s'établissent entre les hommes. Nous voyons qu'à l'heure actuelle, en Europe, le français est plus répandu que ses deux seuls rivaux sérieux, l'allemand et l'anglais. En se basant donc sur les phénomènes qui s'accomplissent sous nos yeux, nous pouvons affirmer que le français est l'idiome qui a le plus de probabilité de devenir la langue auxiliaire reconnue du groupe de civilisation européenne.

J. NOVICOW.

Hommage au P^t Roosevelt

Hommage au P^t Roosevelt

Le groupe parlementaire français de l'Arbitrage ne pouvait oublier, au moment de l'arrivée en France de M. le P^t Roosevelt, les grands services rendus par cet homme d'Etat à la cause de la paix et particulièrement à la cause de la justice internationale. La question peut se poser de savoir s'il n'est pas regrettable que le P^t Roosevelt, qui avait donné le signal et l'exemple de la confiance dans l'œuvre de La Haye, ait paru, depuis lors, se contredire en fournissant des arguments aux partisans de l'impérialisme et de l'accroissement des dépenses navales ; certes les Etats-Unis pouvaient jouer un rôle magnifique en s'efforçant d'arrêter la course générale aux armements qui n'aboutira pour tous les Etats qu'à la ruine et à la révolution ; le

Nouveau-Monde pouvait s'illustrer à jamais
et conquérir l'admiration de l'univers en cor-
rigeant l'erreur de la vieille Europe ; il a
préféré sacrifier cette incomparable mission
et suivre l'Europe dans l'ornière au moment
même où elle n'aspire qu'à en sortir ; — il n'a
pas dépendu de nos appels pressants et répé-
tés qu'il en soit autrement ; — mais quelques
regrets que nous puissions exprimer sur ce
point dans l'intérêt des Etats-Unis comme de
la civilisation, nous n'irons pas jusqu'à
méconnaître tout ce que les Américains et
personnellement le P^t Roosevelt ont fait pour
nous aider à l'origine. Quand, en 1902, nous
sommes allés le trouver à Washington et le
supplier de prendre en mains la défense de
l'œuvre de La Haye, lui seul, parmi tous les
Gouvernements, a compris cette œuvre que
tous les autres condamnaient déjà comme
mort-née, lui seul l'a fait revivre en confiant
au tribunal de La Haye son premier conflit à
juger, le différend des fonds pieux de Cali-
fornie ; c'est le secours décisif que nous
n'oublierons jamais.

Malheureusement la visite du Président à
Paris coïncidant avec nos élections générales,
nous n'avons pu organiser en son honneur
aucune réception ; nous avons dû nous borner
à aller le saluer à l'ambassade des Etats-Unis
où notre très distingué ami, M. Bacon, avait

bien voulu réunir notre Bureau et nos membres présents à Paris.

Voici le compte-rendu de cette manifestation, d'après le *Temps* du 27 Avril :

M. Roosevelt a reçu à 2 heures et demie à l'Ambassade des Etats-Unis, les délégués du Groupe parlementaire de l'Arbitrage.

M. d'Estournelles de Constant a prononcé l'allocution suivante :

Monsieur le président,

Le groupe parlementaire français de l'arbitrage vient vous apporter son salut.

La France a fait de son mieux pour organiser en votre honneur des réceptions dignes de votre grand pays et de vos services ; une manifestation pourtant fera défaut : celle du Parlement ; nous la regrettons pour bien des motifs. J'ose dire que si vous aviez pu entrer en contact personnel avec les membres de nos deux Assemblées, vous auriez constaté que nous ne méritions peut-être pas tout le mal que nous disions de nous mêmes, (*Je suis aussi un démocrate,* interrompt M. Roosevelt en riant) et que le bruit qui accompagne souvent nos débats prouve simplement que nous ne sommes pas capables d'indifférence, quand nous luttons passionnément, les uns et les autres, à la poursuite de la vérité et du progrès.

Mais vous êtes arrivé au moment même de nos élections générales: La Chambre des députés d'hier n'est plus qu'un souvenir ; celle de demain n'est pas complètement élue. Notre groupe devait donc se borner à vous envoyer une délégation.

Nous avons tenu à vous confirmer de vive voix l'hommage de la gratitude que nous vous avons maintes fois exprimée pour vos interventions décisives en faveur de la conciliation, de la justice et de la paix internationales ; interventions aussi heureuse pour la société des nations qu'honorables et sages pour votre patrie elle-même ; car vous avez démontré qu'il ne suffit pas d'être toujours prêt à défendre son pays, mais qu'il faut lui éviter les difficultés et développer ses ressources en augmentant le nombre de ses amis et de ses clients à l'étranger. (*Certainement*, dit M. Roosevelt.)

A notre gratitude pour votre activité dans le passé s'ajoute notre confiance dans l'influence bienfaisante que vous continuerez à exercer à l'avenir. Cette confiance est d'autant plus profonde que vous avez défini la paix comme nous l'avons toujours conçue nous-mêmes. La paix, pour vous, comme pour nous tous, sans distinction d'opinions, c'est le contraire de la paix à tout prix ; c'est la justice ; (*Oui, la justice*, insiste M. Roosevelt) notre propagande n'est qu'une lutte continuelle pour le droit. En dépit des sceptiques, qui sont vos ennemis comme les nôtres, nous ne cessons pas de combattre le bon combat, celui-là seul qu'une démocratie peut glorifier : le combat contre les abus de la force, négation de toute morale, négation de la dignité et de la liberté humaines, négation de la pensée et de la civilisation.

M. Roosevelt a répondu :

Messieurs,

De tous les souvenirs de ma présidence, celui qui m'est le plus cher, et qui me restera le plus cher, est celui du livre du grand ministre d'Henri IV, Sully, dont vous me fîmes hommage, vous, les membres du groupe de l'arbitrage entre nations.

Ce livre restera pour mes enfants et mes petits-enfants un éternel titre d'honneur.

Je tire, je l'avoue, quelque vanité d'avoir été le premier homme d'Etat qui ait fait appel à l'arbitrage de la Cour de la Haye dans le conflit entre les Etats-Unis et le Mexique.

Je souscris complètement à toutes les paroles prononcées par M. le baron d'Estournelles de Constant.

M. d'Estournelles de Constant présente alors à M. Roosevelt les Présidents d'Honneur, le bureau et les membres de la délégation.

M. Léon Bourgeois en profite pour improviser une courte allocution à M. Roosevelt :

Vous avez très justement rappelé, monsieur le président, que vous aviez été le premier homme d'Etat qui ait fait appel à la Cour de la Haye. Nous nous souvenons également de la part que vous avez prise à la convocation de la seconde conférence de la Haye.

Il est nécessaire, il est même indispensable, que la troisième conférence de la Haye soit réunie ; mais, pour qu'elle le soit utilement, il faut que ses délibérations soient préparées par des accords entre nations et que deux années au moins soient occupées à cette préparation. Nous espérons que continuant votre initiative si utile, vous agirez pour que ces accords se fassent.

M. Roosevelt répond :

N'oubliez pas que je suis un simple particulier et que je n'ai plus qualité pour agir dans le sens que vous indiquez. Il ne faut pas qu'un ancien homme d'Etat donne l'impression qu'il croit qu'il est encore homme d'Etat.

Ces réserves faites, je suis tout à fait d'accord avec vous sur la nécessité de la réunion d'une troisième conférence de la Haye.

M. d'Estournelles présente alors les membres du groupe : MM. Berteaux, Labiche, Flandin, le comte d'Alsace, François Carnot, auquel le président serre longuement la main en apprenant qu'il est le fils de l'ancien président de la République, Poirrier, Cornet, Gaston Menier, le docteur Labbé, etc.

Réception du Maréchal

Hermès de Fonseca

par le Groupe de l'Arbitrage

Réception

du Maréchal Hermès de Fonseca

par le Groupe de l'Arbitrage

* * *

Le groupe parlementaire de l'arbitrage international s'est réuni au Sénat le jeudi 10 juin, sous la présidence de M. d'Estournelles de Constant, pour recevoir M. le Maréchal Hermès de Fonseca, président élu de la République du Brésil, qui était accompagné de M. de Piza, ministre du Brésil à Paris et de ses secrétaires.

M. d'Estournelles de Constant, ayant à ses côtés M. Antoine Périer, vice-président du Sénat, M. Guérin, ancien Ministre de la Justice, MM. G. Ménier, E. Flandin, de la

Batut, vice-présidents du Groupe, a pris la parole au nom du Bureau et des Membres du Groupe venus en grand nombre tant de la Chambre que du Sénat; il a rappelé brièvement les liens anciens qui unissent le Brésil à la France, citant les noms des principaux Français ayant consacré leur existence à l'éducation de la jeunesse brésilienne, les noms des Brésiliens de génie qui ont contribué aux progrès de la science dans le nouveau Monde et dans l'ancien, les titres enfin Au Brésil à la gratitude de toutes les puissances qui ont lutté pour le triomphe de l'arbitrage à la deuxième Conférence de La Haye; il a souhaité cordialement la bienvenue au Maréchal, qui a prononcé l'allocution suivante, très applaudie :

Messieurs, je suis très touché de l'honneur qu'en ma personne, vous voulez bien faire à mon pays, et quoique n'ayant aucune autorité officielle, je suis très heureux de vous en remercier.

Le Brésil mérite, en effet, votre sympathie, car comme vous le savez, il est partisan convaincu de l'arbitrage international. Ayant inscrit dans sa Constitution le principe de l'arbitrage et l'interdiction de la conquête, le Brésil a réglé ses questions de frontières avec tous les pays voisins sans le moindre conflit matériel, par des accords amicaux et par la justice arbitrale. L'inscription dans notre Constitution de ce principe supérieur est une preuve de la civilisation de notre pays, et une puissante suggestion à la nation brésilienne.

Cette suggestion a été efficace, car là-bas même, les classes militaires ont un profond respect pour l'arbitrage et se placent volontiers dans les rangs au service de la cause dont vous êtes les soutiens les plus vigoureux et les plus vaillants.

Je remercie encore une fois le groupe parlementaire de l'arbitrage international du grand honneur qu'il fait à mon pays, et je fais des vœux sincères pour sa prospérité.

M. de Piza a ensuite prononcé un discours très apprécié.

Après la réception, M. le Maréchal de Fonseca et ses compatriotes ont eu les honneurs de la séance ; ils ont été présentés à M. le Président du Sénat, à MM. Léon Bourgeois, Clémenceau, Rouvier, Decrais, etc., et à la plupart des notabilités du Sénat.

Réception

de la Délégation ottomane

par le Groupe de l'Arbitrage

Réception

de la Délégation Ottomane

par le Groupe de l'Arbitrage

* * *

La Délégation Ottomane a été reçue solennellement, le jeudi 10 juin, au Sénat, par le Groupe Parlementaire de l'Arbitrage.

M. d'Estournelles de Constant, président, a rappelé la réception faite l'an dernier par le Groupe aux représentants du jeune parlement ottoman ; cette fois, c'est la nation elle-même qui se mobilise pour recevoir le salut cordial de la France.

Ces visites, a-t-il dit ensuite, dissipent l'ignorance mutuelle qui séparait les deux pays. Avant la révolution ottomane, nous jugions plus ou moins la Turquie par les désordres, les fautes, et trop souvent les crimes d'une administration dont elle souffrait plus que nous mêmes ; nous voyions en vous des coupables alors que vous étiez des victimes. De votre côté, vous connaissiez l'Europe par ses interventions et par ses contraintes, plus que par son amitié.

Aujourd'hui vous vous êtes affranchis du régime qui vous séparait du reste du monde ; avec une population énergique comme la vôtre, avec votre sol infiniment riche, l'avenir de votre pays est assuré, malgré les obstacles. Le régime de la violence a démontré chez vous sa stérilité ; celui de la justice et de l'ordre peut seul vous sauver.

L'union, la sécurité par la justice et par le progrès , des écoles, des chemins de fer, des tramways, des routes, des voies navigables, tous les Turcs librement au travail et toute la Turquie mise en valeur, voilà le remède, voilà la seule solution possible de l'éternelle question d'Orient.

(Extrait du Temps du 11 Juin).

Ismail Djenani Bey, Président de la délégation ottomane, a répondu dans le français le plus pur, par un discours souvent interrompu par les bravos de l'auditoire et dont voici le texte :

Messieurs,

Les paroles que nous a adressées M. d'Estournelles de Constant nous touchent profondément.

Elles constituent une manifestation de sympathie précieuse qui s'ajoute à toutes celles que nous avons reçues depuis le moment où nous avons abordé votre beau pays. Nous conserverons un souvenir inoubliable et une profonde gratitude de l'accueil cordial qui nous y a été réservé.

Nous avons été guidés en venant ici, vous l'avez compris, moins par l'attrait de votre beau palais et par une curiosité artistique qui y trouverait cependant à se satisfaire largement, que par le grand désir que nous avions de porter nos hommages à une des institutions titulaires de la France. à la Haute Assemblée qui a favorisé si puissamment l'heureux développement de la législation démocratique, en assurant son évolution sans heurt et sans secousse violente. Le rôle éminent du Sénat, les grands services qu'il a rendus et son glorieux passé, nous pénètrent d'une sincère admiration, que je suis heureux de vous exprimer au nom de mes compatriotes.

Je tiens à vous assurer, en même temps, que les idées de fraternité internationale et de paix universelle qu'a traduites dans un langage si élevé M. d'Estournelles de Constant et qui sont aussi celles de tout le Sénat ont été embrassées avec enthousiasme par notre peuple profondément convaincu de la nécessité de les propager et de les faire prévaloir.

Nous nous félicitons à la pensée que de notre voyage résulteront à cet égard les plus heureux effets et que l'amitié de nos deux pays en sortira plus forte et plus active, pour le bien général.

Messieurs,

Permettez-moi de vous remercier sincèrement pour l'accueil particulièrement bienveillant que vous avez bien voulu faire aux voyageurs ottomans.

La cordialité de votre réception nous a profondément touchés et je suis sûr d'être l'interprète du sentiment général de mes compatriotes en vous disant que la nouvelle de cette visite produira dans notre pays une impression considérable.

C'est un honneur redoutable pour moi que de prendre la parole après l'orateur qui m'a précédé.

Vous me permettez de ne point affaiblir par de vains commentaires la portée de cette voix autorisée qui retentit toujours dans le monde lorsqu'il s'agit de défendre la cause de ceux qui souffrent pour la liberté.

Vous êtes tous, Messieurs, les représentants d'un pays qui a fait passer toujours ses sentiments avant ses intérêts.

Ce désintéressement est une forme supérieure de la solidarité humaine qui est une des plus belles et plus pures gloires de la France.

Nous saluons, Messieurs, avec un profond respect, le Sénat de la République, organe essentiel et fidèle gardien de la Constitution française, et nous ne manquons pas d'associer dans notre salut les représentants éminents de la Chambre des Députés qui ont bien voulu, malgré l'obligation qui s'impose à eux d'assister à l'interpellation, à l'ordre du jour, prendre part à cette inoubliable manifestation.

Après le discours de son président, la délégation accompagnée par le bureau et les membres du Groupe, a été reçue dans les salons du Sénat, à la bibliothèque et conduite à la salle des séances ; la visite s'est terminée par une collation offerte par MM. les Questeurs du Sénat. MM. Tillaye et Bonnefoy-Sibour ont chaleureusement porté la santé des visiteurs ottomans et exprimé les vœux que forme la France entière pour l'avenir de la Jeune Turquie.

Hommage

à Bjærnstjerne - Bjærnson

Co
la
Bj
de
en
no

Pa
teu
pri
con
gra

Hommage

à Bjœrnstjerne - Bjœrnsoŋ

♫ ♫ ♫

Le Groupe de l'Arbitrage, pas plus que la Conciliation, ne pouvaient rester indifférents à la nouvelle de la mort du grand Norvégien Bjœrnstjerne Bjœrnson, l'apôtre de justice et de vérité, qui nous a toujours soutenu de ses encouragements et de ses sympathies.

Voici la lettre adressée à sa veuve par notre Président.

Paris, le 28 avril 1910.

Madame,

Je suis l'interprète de mes collègues du Groupe Parlementaire de l'Arbitrage et de mes collaborateurs de la Conciliation Internationale pour vous prier d'agréer l'hommage de nos profondes condoléances. Le deuil qui vous frappe est un grand malheur personnel et national pour la famille et pour le pays de Bjœrnstjerne Bjœrnson, mais son influence, comme sa renommée, s'est exercée bien au-delà des frontières de la Norvège.

Il appartient au petit nombre des grands interprètes et des guides de l'Humanité. Ces généreux serviteurs du bien ne meurent pas ; leur œuvre leur survit et continue après eux son action bienfaisante.

Nous n'oublierons jamais les encouragements dont Bjœrnstjerne Bjœrnson a spontanément soutenu nos efforts et nous tenons à affirmer notre gratitude profonde en même temps que notre admiration pour lui au moment où la mort, plus forte que les plus nobles dévouements, l'enlève à vos soins.

Croyez, Madame, à nos sentiments très respectueux.

D'Estournelles de Constant.

En même temps que cette lettre, le Président avait adressé les condoléances du Groupe au Gouvernement Norvégien ; voici la réponse du Ministre des Affaires Etrangères de Kristiania

Kristiania, le 7 mai 1910.

Monsieur le Sénateur,

J'ai eu l'honneur de recevoir la lettre en date du 28 avril dernier par laquelle vous avez bien voulu vous faire interprète des sentiments de profonde condoléance qui animent vos collègues du Groupe Parlementaire de l'Arbitrage et vos collaborateurs de la Conciliation Internationale à l'occasion de la mort de Monsieur Bjœrnstjerne Bjœrnson. En vous présentant les vifs remercîments du Gouvernement Norvégien des sentiments de sympathie dont votre lettre fait preuve et auxquels le Gouvernement attache un grand prix, je profite de l'occasion de vous offrir, Monsieur le Sénateur, les assurances de ma haute considération.

Hommage

au Roi Edouard VII

Hommage au Roi Edouard VII

La mort du Roi Edouard VII a été pour tous les partisans de la Conciliation Internationale une perte sensible. Indépendamment des télégrammes de condoléance envoyés à S. M. la Reine Alexandra et au nouveau Roi au nom du Groupe de l'Arbitrage et au nom de la Conciliation Internationale, M. d'Estournelles de Constant a tenu à publier dans la presse allemande l'article suivant qui a paru dans le *Berliner Tageblatt* du 20 Mai 1910 :

Le très regretté Roi Edouard VII n'était pas encore disparu, que des légendes tendaient à dénaturer son action bienfaisante et à présenter comme des combinaisons machiavéliques les initiatives que lui dictaient son expérience, son tempérament conciliant et son profond désir d'épargner à son pays des aventures et des dangers.

Quiconque, de près ou de loin, peut témoigner de la sincérité de cette action, a le devoir de parler, non seulement par respect de la mémoire du Roi, mais pour empêcher de fausses traditions de s'établir.

Je voudrais répondre à certains esprits d'après lesquels la politique pacifique d'Edouard VII avait moins pour objet l'Entente cordiale avec la France que l'isolement de l'Allemagne.

La vérité est que tous ceux qui connaissaient bien la France et l'Angleterre, souffraient de voir les deux pays séparés par des siècles d'un antagonisme présenté comme irréductible ; le Roi savait mieux que personne à quoi s'en tenir sur cette soi-disante incompatibilité et il essaya tout de suite d'y mettre un terme. Son mérite, son immense mérite, est de n'avoir écouté que sa conviction personnelle dans une entreprise aussi grave. Avec un courage vraiment téméraire il ne voulut s'arrêter à aucune objection et c'est spontanément, au lendemain du Transwaal, au surlendemain de Fashoda, qu'il vint apporter au peuple de Paris l'hommage émouvant de sa confiance et gagner le cœur de la France.

L'Entente cordiale établie, le Roi n'a cessé d'exercer la même action conciliante à Saint-Pétersbourg, à Washington, à Tokyo, partout où quelque conflit menaçait ; s'il n'a pu éviter la guerre Russo-Japonaise, tout au moins eût-il la satisfaction de voir l'incident de Hull réglé par l'application éclatante de la Convention de la Haye.

Tous ces efforts suivis tendaient-ils à isoler et à « encercler » l'Allemagne ? Le Roi était trop avisé pour n'avoir évité à son pays tant de risques qu'à seule fin d'aboutir au risque suprême, à la conflagration universelle. Une politique aussi grossière eut été en complète contradiction avec tous ses actes. A supposer que l'Allemagne sortît vaincue de cette lutte, il savait que la défaite n'aurait fait que stimuler son énergie, et préparer à sa population surabondante les revanches économiques les plus redoutables ; on peut vaincre des flottes et des armées, on ne peut anéantir une race. Edouard VII aurait préféré faire entrer l'Allemagne dans le cercle et non l'en exclure ; c'est dans ce sens que s'exerçait sa puissance instinctive et raisonnée d'attraction. Quant il vint à Kiel, au mois de Juin 1904, et que pour la première fois son escadre s'aligna face à face avec celle de l'Empereur Guillaume, quelle fut la conclusion de cette visite ? un traité d'arbitrage Anglo-Allemand. N'était-ce encore qu'une apparence, une dissimulation savante ?

Je me trouvais à Kiel à ce moment ; personne ne m'a plus encouragé que le Roi dans mes efforts pour démontrer que, si la reconciliation Franco-Anglaise avait été possible, on pouvait arriver, par des concessions mutuelles, au rapprochement Franco-Allemand qui seul libèrerait le monde du fardeau de ses armements.

Loin de voir ces efforts d'un œil peu favorable,

le Roi les soutenait avec son tact habituel et de tout cœur. Le jour où l'Empereur et le comte de Bülow furent ses hôtes et suivirent avec lui les régates à bord de son yacht, le « Victoria and Albert », il n'est pas d'attentions qu'il n'ait marquées ouvertement pour m'encourager. L'Empereur, lui non plus, n'était pas hostile ; toute conscience aujourd'hui frémit à la pensée des catastrophes qui résulteraient d'une guerre Européenne ; toute conscience par conséquent déplore qu'il faille accumuler les sacrifices pour préparer cette guerre impossible. Mais deux bonnes volontés, même souveraines, ne suffisent pas pour arrêter le cours des erreurs passées ; il faut qu'elles soient secondées par une éducation nouvelle de l'opinion.

Quoi qu'il en soit, la paix que le roi Edouard VII travaillait à établir, n'était pas la paix contre l'Allemagne, c'était la paix pour tous, à l'honneur et au bénéfice de chacun.

D'Estournelles de Constant.

Hommage aux héros

de la Navigation aérienne

Hommage aux héros

de la navigation aérienne

⚓ ⚓ ⚓

Nos prévisions se réalisent, la navigation aérienne est sortie du rêve et fait chaque jour de nouveaux progrês.

En même temps le lien apparait entre ces progrès et ceux des relations internationales. Nous n'aurons plus besoin de publier de nouveaux bulletins à la gloire de l'aviation pacificatrice. Voilà encore un fait acquis, pour ne pas dire un miracle.

Des victimes, malheureusement, se comptent déjà par dizaines, parmi les serviteurs de la grande idée, depuis Icare jusqu'à Lilienthal, Ferber, Delagrange.

Nous avons constitué au Sénat, un Groupe de l'aviation qui compte plus des deux tiers des membres de la Haute-Assemblée et qui a puissamment contribué à stimuler l'activité gouvernementale en faveur de la locomotion aérienne. Ce même Groupe, après les manifestations nombreuses dont nos précédents bulletins ont rendu compte, a pris, d'accord avec son Président et M. Calmette, directeur du *Figaro*, l'initiative de faire élever par souscription un monument aux héros de l'air, — monument international, — dont l'exécution serait confiée à notre ami Aug. Rodin et qui serait érigé à Paris sur une place que concéderait le Conseil municipal.

Nous espérons que cette initiative, tôt ou tard, sera couronnée de succès.

En attendant, après les épreuves qui se sont multipliées sur tous les points de la France, du Mans à Reims, à Caen, au Havre, à Douai, à Lyon, à Bordeaux, etc, etc, après la traversée de la Manche par Blériot, celle de Paris par de Lambert, le vol de Londres à Manchester par Paulhan, les vols de hauteur par Latham, la victoire du Circuit de l'Est par Leblanc, Aubrun, Legagneux, sans parler de nos officiers devenus, comme par enchantement, les émules des aviateurs de la première heure, voici qu'après le *Matin,* un autre journal fonde un prix pour une nouvelle

épreuve, un parcours international cette fois :
Paris, Berlin, Bruxelles, Londres.

L'idée a si bien fait son chemin qu'elle
semble déjà toute simple.

N'est-ce pas une nouvelle consécration en
même temps qu'un signe nouveau du succès
de notre propagande ?

Le *Journal* annonce en ces termes la
fondation de son prix de 200.000 francs pour
1911 :

Voici que, comme il y a un siècle, une
révolution commence et que partout, de par le
monde, ainsi que leurs pères avaient les yeux
fixés sur la frontière, les hommes ont les yeux
levés au ciel pour y voir apparaître les nôtres.

Qui sait si la grande Révolution, la première,
en libérant l'homme, en lui apprenant à penser et
à réfléchir, ne fut pas le glorieux prélude de
cette révolution universelle de l'aviation qui
viendra affranchir tous les esprits ?

En restant chez nous, en y passant une inutile
et pseudo-revue de guerre, — car tout est inutile
qui n'est pas décisif et suivi d'un acte — nous
développons l'aéroplane engin de guerre.

C'est en franchissant les frontières et en
conviant les étrangers à partir avec nous de notre
sol, pour aller avec nous sur le leur, à travers

l'espace commun à tous, que nous développerons l'aéroplane, *engin de pacification et de concorde.*

Il faut que cette idée vienne de France, comme en sont venues toutes les grandes idées ; il faut que ces oiseaux partent de notre sol, comme en sont *partis les Croisés, puis les fils de la Révolution.*

Le « Journal », voulant aider à cette tentative de pacification universelle, organise pour 1911 une grande course internationale d'aéroplanes.

Il y a trois grandes capitales voisines de Paris en Europe, assez lointaines pour que le geste ait l'ampleur nécessaire, assez proches pour qu'il soit possible en 1911 de les réunir par la voie de l'air. Il y a trois cœurs puissants qui battent leur vie propre : Berlin, Bruxelles et Londres. Il faut partir de Paris pour voler de l'une à l'autre de ces villes. Nous sommes d'ailleurs allés à Berlin déjà en automobile, par une route qui évoquait plus de souvenirs tragiques que la nouvelle route de l'air.

Que les Allemands, que les Anglais, que les Belges, les Italiens, les Américains, les Espagnols, les Russes, que tous les hommes y viennent avec les nôtres. L'air est à tous, nous le voulons libre. *Nous voulons le conquérir pour la paix et non pour la guerre.* Nous voulons y voir voler des hommes de pays à pays, non pour aller au-dessus des villes ennemies jeter des bombes et massacrer des femmes et des enfants sans défense qui s'y sont réfugiés, mais pour convier l'humanité à fêter la prise de possession définitive de cet océan nouveau, vierge encore, *dans un tournoi pacifique de science et de progrès humain.*

Table des matières

In

L

H

Re

Re

TABLE DES MATIÈRES

☙ ☙ ☙

LA FLÈCHE. — IMPRIMERIE CHARIER-BEULAY.

UN RÉSULTAT DE LA CONFÉRENCE DE LA HAYE

Carte présentée par le Ministère des Affaires étrangères de France à l'Exposition de Londres (Mai-Octobre 1908)

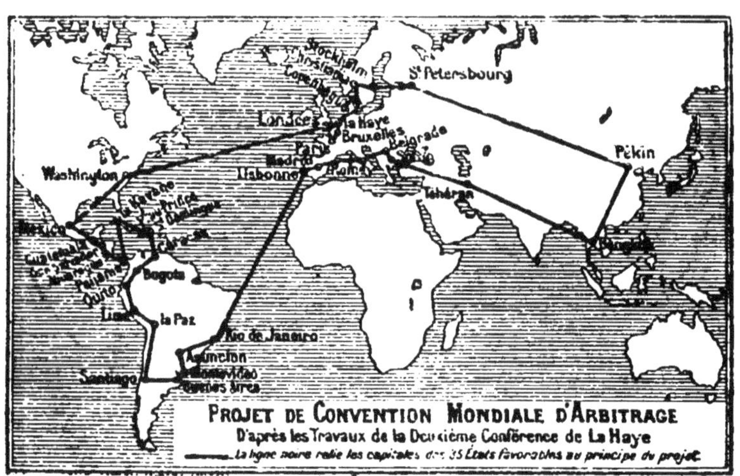

Edité par la CONCILIATION INTERNATIONALE, 78bis Avenue Henri-Martin, Paris

A la première Conférence de La Haye, en 1899, le principe de l'Arbitrage Obligatoire avait été posé mais écarté, faute d'une majorité pour le soutenir.

A la deuxième Conférence, en 1907, le même principe, posé de nouveau, est accepté cette fois par 35 Puissances sur 44 Puissances représentées.

Cette majorité, composée de toutes les Républiques Américaines et des États dont les capitales sont reliées entre elles sur cette carte, représente un milliard 285 millions d'habitants et constitue pour la première fois le bloc de la justice internationale et de la paix dans le Monde. La minorité composée de 5 opposants : l'Allemagne, l'Autriche-Hongrie, la Roumanie, la Grèce et la Turquie ; plus 4 abstentions : le Japon, la Suisse, le Monténégro et le Luxembourg, représente 221 millions d'habitants, soit un sixième de la majorité. — Encore les oppositions ou les abstentions ont-elles été motivées par des considérations d'opportunité et non *d'hostilité systématique*.

Il est donc vraisemblable que la troisième Conférence verra tous les États s'unir sans exception par un traité mondial d'arbitrage, comme ils le sont déjà par la convention postale universelle.

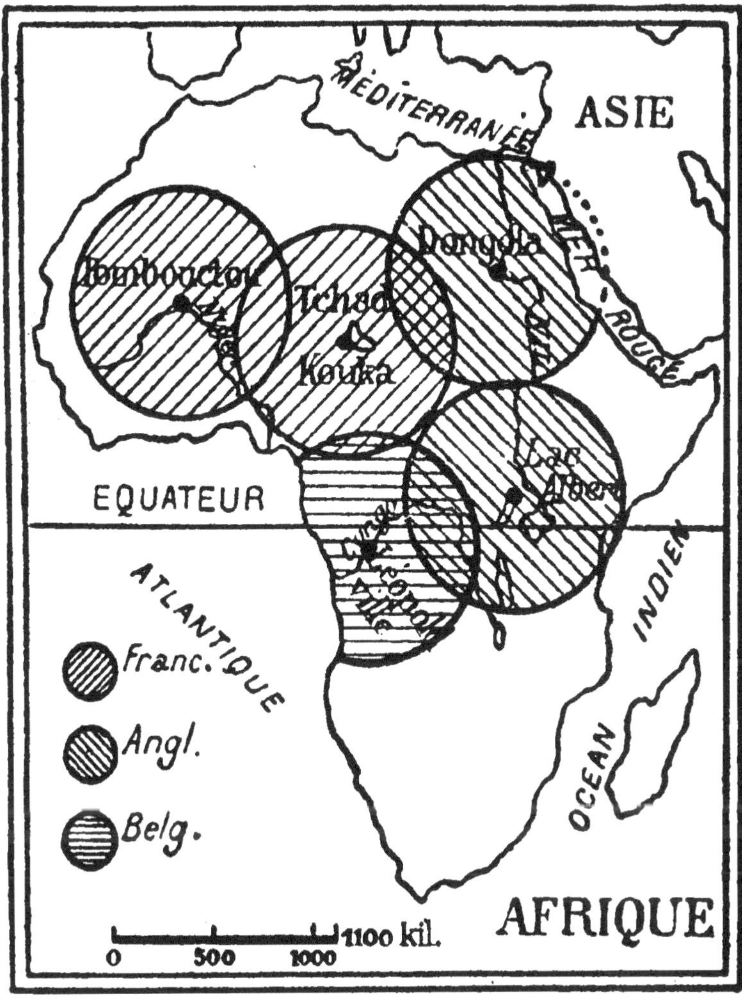

Cinq stations de dirigeables et d'aéroplanes, dans l'Afrique Centrale, assureraient, à peu de frais, l'exploration, la police, la poste, et, par suite la mise en valeur d'un continent inconnu ; de même en Amérique, en Asie, en Australie, dans les régions polaires, sans parler de bien des régions européennes.

Une organisation internationale pour l'exploration aérienne des terres et des mers dont la carte reste à dresser ferait gagner des années à notre civilisation.

Edité par la Conciliation Internationale 1910. (Extrait de « La Route de l'Air », de A. BERGET)